Searchlight
BOOKS™
en español

¿Qué son
las fuentes
de energía?

Aprender sobre

la energía hidráulica

T0015871

Matt Doeden

ediciones Lerner
Mineápolis

Traducción al español: copyright © 2022 por Lerner Publishing Group, Inc.
Título original: *Finding Out about Hydropower*
Texto: copyright © 2015 por Lerner Publishing Group, Inc.
La traducción al español fue realizada por Zab Translation.

ediciones Lerner
Una división de Lerner Publishing Group, Inc.
241 First Avenue North
Mineápolis, MN 55401, EE. UU.

Si desea averiguar acerca de niveles de lectura y para obtener más información, favor consultar este título en www.lernerbooks.com.

Texto principal configurado en Adrianna Regular 13/20
Tipografía proporcionada por Chank

Library of Congress Cataloging-in-Publication Data

The Cataloging-in-Publication Data for *Aprender sobre la energía hidráulica* is on file at the
    Library of Congress.
ISBN 978-1-7284-7439-7 (lib. bdg.)
ISBN 978-1-7284-7499-1 (pbk.)
ISBN 978-1-7284-7500-4 (eb pdf)

Fabricado en los Estados Unidos de América
1-52035-50548-12/16/2021

Contenido

Capítulo 1

¿QUÉ ES LA ENERGÍA HIDROÁULICA?

Imagina sumergirte en la corriente de un río que se mueve rápidamente. El agua se agita a tu alrededor. Empuja tus pies y tus piernas. Si la corriente es lo suficientemente fuerte, puede derribarte. Luego puede llevarte río abajo.

Avanzar en un río con una corriente fuerte es difícil. ¿Qué puede suceder si la corriente es demasiado fuerte?

La fuerza del agua contra tus piernas proviene de la energía cinética. Todos los objetos en movimiento tienen esta energía. Podemos utilizar la energía cinética del agua en movimiento para producir electricidad. Se denomina energía hidráulica.

Cuando corres, tienes energía cinética.

¿De dónde viene la energía cinética?

La energía no viene de cualquier parte. Entonces, ¿cómo obtiene un río que fluye su energía cinética? ¡Proviene del sol! Pero no es un proceso directo. Hay algunos pasos en el camino.

La energía hidráulica proviene del ciclo del agua, que funciona con el sol.

El agua del océano se evapora y crea nubes.

El calor de los rayos del sol alimenta el ciclo del agua. Así se mueve el agua por el mundo. Piensa en los rayos del sol que caen sobre un océano o un lago. El calor del sol hace que parte del agua se convierta en vapor. El vapor se acumula y forma nubes.

Muchas de estas
nubes se mueven sobre
la tierra. Parte del
vapor cae en forma de
lluvia o nieve. La lluvia
y la nieve derretida
corren hacia los ríos.
Los ríos desembocan
en océanos y lagos.
Entonces el ciclo
comienza nuevamente.
Mientras el sol siga
brillando, el agua
de la Tierra
seguirá moviéndose.

La lluvia es otra fase del
ciclo del agua.

¿Dónde se produce la energía hidráulica?

Cualquier fuente de agua en movimiento puede producir energía hidráulica. Incluso los arroyos pequeños pueden generarla. Pero los ríos grandes y de rápido movimiento son los que más la generan.

UN RÍO CON AGUA QUE FLUYE RÁPIDAMENTE PUEDE GENERAR UNA GRAN CANTIDAD DE ENERGÍA HIDRÁULICA.

La energía cinética de un objeto depende de su tamaño y su velocidad. Un automóvil a alta velocidad tiene mucha más energía que una bicicleta a alta velocidad. Lo mismo se aplica al agua. Cuanta más agua tiene un río, más energía podemos obtener de él. Es por eso que la mayoría de las centrales hidroeléctricas, o plantas hidroeléctricas, se encuentran en grandes ríos.

Tienes energía cinética al andar en bicicleta.

Capítulo 2

PRODUCIR ENERGÍA HIDRÁULICA

La energía en el agua en movimiento se usa desde hace miles de años. La gente construía molinos de agua en los ríos caudalosos de la antigua Roma y China.

Los antiguos egipcios usaban molinos de agua para recolectar energía. ¿Hace cuánto tiempo que se usa la energía del agua en movimiento?

Los molinos de agua tenían aspas giratorias o cubos. El agua en movimiento las empujaba y giraba la rueda. Se colocaba una piedra en la rueda para triturar el grano. Se podía colocar una cuchilla para cortar madera mientras la rueda giraba.

Los molinos de agua ayudaban a triturar el grano con mayor facilidad.

Los molinos de agua prácticamente no se usan en la actualidad. En su lugar, usamos represas y otras máquinas para convertir la energía del agua en electricidad.

Esta gran represa puede generar mucha electricidad.

Plantas hidroeléctricas

A finales del siglo XIX, la gente aprendió que podía convertir la energía cinética de un río en electricidad. Se construyeron las primeras plantas hidroeléctricas. La electricidad generada por las plantas alimentaba los hogares y edificios cercanos.

Esta es una planta hidroeléctrica abandonada en Oregón.

En la actualidad, las plantas hidroeléctricas utilizan tres partes principales. Son la represa, el embalse y el generador. Todo comienza con la represa. Las grandes represas se extienden a lo ancho de un río. Bloquean el flujo del agua del río.

La represa de Hoover cruza el río Colorado en la frontera entre Arizona y Nevada.

Se forma un embalse cuando el agua se acumula detrás de la represa. Es una forma de almacenar el agua y su energía. De esa forma, las plantas hidroeléctricas siempre tienen un suministro de agua que usar cuando necesitan energía.

Los barcos flotan en un embalse creado por una represa.

Se construyen canales dentro de la represa. Los canales se inclinan hacia abajo. Pueden abrirse o cerrarse para controlar el flujo de agua a través de la represa. El agua avanza por los canales y pasa sobre máquinas denominadas turbinas.

Las turbinas hidroeléctricas son muy grandes.

Las turbinas tienen aspas grandes. El agua en movimiento hace girar las aspas. Cada turbina está conectada a un generador. Esta máquina convierte la energía en electricidad. Cuanto más rápido se mueve el agua, más electricidad produce el generador.

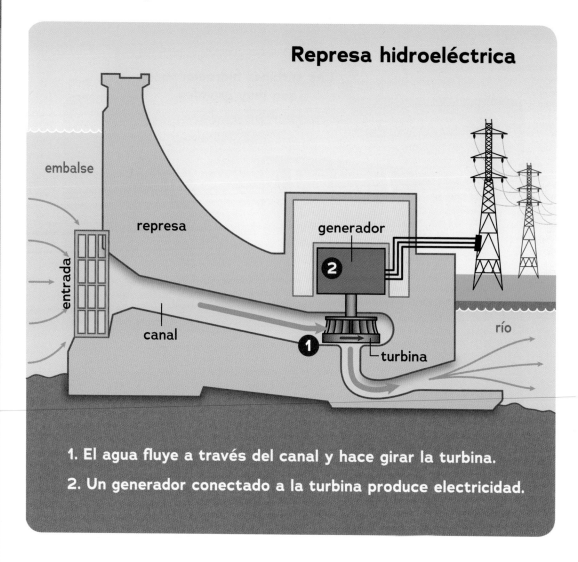

Represa hidroeléctrica

embalse

represa

generador

2

entrada

canal

1

turbina

río

1. El agua fluye a través del canal y hace girar la turbina.
2. Un generador conectado a la turbina produce electricidad.

Plantas ROR

La creación de embalses puede ser perjudicial para el medioambiente. Cambian el flujo del agua del río. Pueden afectar a la vida silvestre que vive en el río y cerca de él. Las plantas de desvío (ROR, por sus siglas en inglés) funcionan sin crear embalses. Las plantas ROR a menudo se construyen cerca de cascadas de ríos rápidos.

LAS PLANTAS ROR PERMITEN QUE LOS RÍOS FLUYAN NATURALMENTE. SON BUENAS PARA LA VIDA SILVESTRE.

Las plantas ROR desvían parte del agua de los ríos. Esta agua hace girar las turbinas. Luego, el agua se devuelve a los ríos más abajo. La cantidad de energía producida depende del caudal de los ríos. Cuando los ríos tienen un caudal bajo, es posible que no se produzca energía, o se produzca una cantidad limitada. Las plantas ROR son mejores para el medioambiente. Pero no son tan confiables como las plantas hidroeléctricas comunes.

Las plantas ROR no tienen embalses como las plantas hidroeléctricas normales.

Capítulo 3

LAS VENTAJAS Y DESVENTAJAS DE LA ENERGÍA HIDRÁULICA

La energía hidráulica se utiliza desde hace mucho tiempo. Es económica y confiable. Es renovable, lo que significa que no se agotará. Al igual que todas las fuentes de energía, tiene sus ventajas y desventajas.

La energía hidráulica tiene numerosos beneficios. ¿Puedes mencionar dos?

El medioambiente

En muchas formas, la energía hidráulica es buena para el medioambiente. Crea electricidad sin quemar combustibles fósiles como el carbón, el gas natural y el petróleo. La quema de estos combustibles genera contaminación. También libera dióxido de carbono en el aire.

La quema de carbón contamina el aire.

La mayoría de los científicos están de acuerdo en que la liberación de este gas provoca el calentamiento del clima de la Tierra. Demasiado calentamiento podría ser un desastre. Podríamos tener más olas de calor, sequías e incendios forestales. Los niveles del mar también aumentarían. Las plantas hidroeléctricas no liberan dióxido de carbono. Así que no contribuyen al calentamiento de la Tierra.

Las sequías pueden secar los cultivos.

Pero la construcción de represas cambia los ríos y la tierra a su alrededor. Los embalses cubren lo que alguna vez fue tierra seca. Eso mata a los árboles y otras plantas. Destruye los hogares de los animales y, a veces, de las personas.

Los embalses cambian el paisaje alrededor de una represa. El agua cubre áreas que alguna vez fueron tierra seca.

Esta orilla se erosionó debido a la falta de sedimentos en el río.

Las represas también pueden afectar un río más abajo. Los ríos sanos transportan sedimentos. El sedimento es una mezcla de rocas, arena y tierra. Las represas impiden que los sedimentos continúen moviéndose río abajo. Cuando un río deja de transportar sedimentos hacia abajo, sus orillas pueden erosionarse. Esto puede ser perjudicial para la vida silvestre que depende del río.

Problemas para los salmones

Los peces y otros animales que viajan río arriba y río abajo también sufren. Uno de estos peces es el salmón. Los salmones viven la mayor parte de su vida en el océano. Pero nadan río arriba para poner sus huevos en lugares llamados áreas de desove.

Estos salmones nadan río arriba para poner sus huevos.

En ocasiones, las represas se interponen en el camino de los salmones. Los peces no pueden llegar a sus zonas de desove para poner huevos. Muchos mueren simplemente tratando de encontrar una forma de evitar las represas.

Los salmones pueden quedar atrapados fácilmente en una represa y morir al intentar llegar a las zonas de desove.

Y tampoco es seguro ir río abajo. Muchos salmones jóvenes mueren cuando nadan por las turbinas. Los científicos han encontrado grandes disminuciones en las poblaciones de salmones en muchos ríos con represas. Eso es malo para las personas y los animales que necesitan alimentarse de los salmones.

UNA REPRESA HACE QUE NADAR RÍO ABAJO SEA PELIGROSO PARA LOS SALMONES JÓVENES.

Se ha intentado resolver este problema mediante la construcción de escaleras para peces en las represas. Estos pasajes permiten que los peces naden alrededor de las represas saltando pequeños escalones. Las escaleras para peces han ayudado a preservar las poblaciones de peces en algunos ríos. Pero no es una solución perfecta. Las represas aún representan una amenaza para los salmones jóvenes que regresan al océano. Y no todos los peces suben por las escaleras.

Los peces nadan por esta escalera de peces en la represa Rocky Reach en Washington.

Fallas en las represas

Otro peligro de las plantas hidroeléctricas proviene de las fallas en las represas. Cuando se rompe una represa, toda el agua de su embalse se libera hacia el río. Esto puede ocasionar grandes inundaciones.

Los embalses contienen grandes cantidades de agua. Por ello, las inundaciones son un grave peligro si se derrumba una represa.

La peor falla de una represa en la historia de Estados Unidos ocurrió en Pensilvania en 1889. La represa South Fork colapsó. Cerca de 20 millones de toneladas (18 millones de toneladas métricas) de agua cayeron río abajo. Es más agua de la que pueden contener siete mil piscinas olímpicas. El agua inundó la ciudad cercana de Johnstown. Murieron más de dos mil personas.

Esta ilustración muestra una ciudad dañada por las inundaciones después del colapso de la represa South Fork.

Desde entonces, ocurrieron otras fallas. Pero la tecnología de las represas ha mejorado en gran medida recientemente. No se han registrado fallas de represas importantes en los Estados Unidos desde la década de 1970. Aún así, las fallas siguen siendo un peligro para cualquier persona que viva aguas abajo de una planta hidroeléctrica.

El colapso de la represa río arriba probablemente podría acabar con las viviendas a lo largo de este río.

Disponibilidad

En algunos lugares, los ríos grandes son comunes. La energía hidráulica se puede generar con facilidad en estos lugares. Pero otros lugares no están cerca de los grandes ríos. Por tanto, no se puede generar una gran cantidad de energía hidráulica. Las personas que viven en estos lugares tienen que encontrar otras fuentes de energía.

Los desiertos secos están lejos de los ríos. La energía hidráulica no está disponible, entonces los residentes necesitan otras fuentes de energía.

Capítulo 4

LA ENERGÍA HIDRÁULICA EN EL FUTURO

Alrededor del 7 por ciento de la electricidad de EE. UU. proviene de la energía hidráulica. Es la principal fuente de energía renovable. Y la energía hidráulica podría utilizarse aún más. Estados Unidos tiene alrededor de ochenta mil represas. Menos del 3 por ciento produce energía. Convertirlas en plantas hidroeléctricas proporcionaría más energía limpia.

Esta es una represa de riego. ¿Por qué sería bueno convertir esta represa en una planta hidroeléctrica?

Energía alternativa

Muchos expertos dicen que las fuentes de energía alternativa son la clave para las futuras necesidades energéticas del mundo. Los combustibles fósiles constituyen la mayor parte del suministro energético mundial. Pero son no renovables. Y con el tiempo, los combustibles fósiles se volverán más escasos y será más costoso recolectarlos.

La quema de carbón en una planta eléctrica libera dióxido de carbono al aire.

Necesitamos encontrar otras fuentes de energía. Dado que la energía hidráulica es renovable, podría ser una gran pieza del rompecabezas. Pero la energía hidráulica no puede alimentar todo. Solo está disponible en algunas áreas. Y podemos construir solo una cantidad limitada de plantas hidroeléctricas.

LA ENERGÍA HIDRÁULICA ES SOLO UNA DE LAS VARIAS FUENTES DE ENERGÍA LIMPIA DISPONIBLES EN LA ACTUALIDAD.

Otras fuentes de energía alternativas deberán funcionar junto con la energía hidráulica. Estas incluyen la energía solar, eólica y nuclear. Muchas personas sueñan con el día en que estas fuentes de energía alternativas sustituyan por completo a los combustibles fósiles.

Los trabajadores instalan paneles solares.

Glosario

área de desove: un lugar donde los salmones nadan para poner sus huevos

ciclo del agua: el movimiento del agua en todo el mundo

combustible fósil: un combustible como el carbón, el gas natural o el petróleo que se formó durante millones de años a partir de los restos de plantas y animales muertos

confiable: que ofrece un buen rendimiento constante

embalse: un cuerpo de agua que se acumula detrás de una represa

energía cinética: la energía asociada con un objeto en movimiento

erosionar: desgastar

fuente de energía alternativa: una fuente de energía distinta a los combustibles fósiles tradicionales

generador: una máquina que convierte la energía mecánica en electricidad

no renovable: que no se puede reabastecer. Una vez que una forma de energía no renovable se agota, desaparece para siempre.

renovable: que se puede reabastecer a lo largo del tiempo

sedimento: la roca, la arena y la tierra que transporta un río

turbina: una máquina con paletas que convierte la energía de un gas o fluido en movimiento, como el agua, en energía mecánica

vapor: una sustancia que normalmente es un líquido o un sólido que está suspendido en el aire, como el vapor

Más información

Libros

Bailey, Gerry. *Out of Energy.* Nueva York: Gareth Stevens, 2011. Obtén más información sobre las alternativas a los combustibles fósiles, desde la energía geotérmica hasta la solar, y descubre cómo puedes usar la energía de manera más eficiente.

Doeden, Matt. *Aprender sobre el carbón, el petróleo y el gas natural.* Mineápolis: Lerner Publications, 2022. Los combustibles fósiles siguen siendo nuestra principal fuente de energía. Obtén más información sobre cómo se forman, cómo se recopilan y las ventajas y desventajas de su uso.

Fridell, Ron. *Earth-Friendly Energy.* Mineápolis: Lerner Publications, 2009. Explora las fuentes de energía alternativas, como la energía hidráulica, eólica y solar, y descubre cómo estas fuentes de energía pueden impulsar nuestro futuro.

Sitios web

Energy Kids—Hydropower
http://www.eia.gov/kids/energy.cfm?page=hydropower_home-basics
La página de la Administración de Información Energética de EE. UU. sobre energía hidráulica incluye diagramas y mapas que te enseñarán más sobre la energía hidráulica.

How Hydropower Plants Work
http://science.howstuffworks.com/environmental/energy/hydropower-plant.htm
Consulta una descripción detallada de cómo funcionan las centrales hidroeléctricas.

Índice

Agradecimientos por las fotografías

Las imágenes de este libro se utilizan con el permiso de: © iStock/Thinkstock, p. 4, 21; © iStockphoto.com/Blacqbook, p. 5; © iStockphoto.com/Logray-2008, p. 6; © iStockphoto.com/ TommL, p. 7; © iStockphoto.com/bethsp, p. 8; © iStockphoto.com/tupungato, p. 9; © Dimitry Naumov/ Shutterstock.com, p. 10; © Sheila Terry/Science Source, p. 11; © Interfoto/Alamy, p. 12; © iStockphoto.com/namibelephant, p. 13; © Jit Lim/Alamy, p. 14; © iStockphoto.com/ksteen5, p. 15; US Army Corps of Engineers, Norfolk District, p. 16, 20; © iStockphoto.com/photosbyjim, p. 17; © Laura Westlund/Independent Picture Service, p. 18; © Johan Swanepoel/Shutterstock.com, p. 19; © abutyrin/Shutterstock.com, p. 22; © MaxyM/Shutterstock.com, p. 23; Inna Felker/iStock /Thinkstock, p. 24; © Iain Frazer/Shutterstock.com, p. 25; © Sekar B/Shutterstock.com, p. 26; © iStockphoto.com/Baxternator, p. 27; © iStockphoto.com/ssucsy, p. 28; © iStockphoto.com /ajphoto, p. 29; © iStockphoto.com/photoquest7, p. 30; Francis Schell and Thomas Hogan/Wikimedia Commons, p. 31; © iStockphoto.com/AustinMirage, p. 32; © iStockphoto.com/Tim Abbott, p. 33; © iStockphoto.com/ineb1599, p. 34; © Doin Oakenhelm/Shutterstock.com, p. 35; © iStockphoto.com /miljko, p. 36.

Portada: © Bigsky06/Dreamstime.com